KREATIVE KUCHEN
FÜR KINDER

INHALT

VITO CAPEZUTTO

VORWORT

Marmorkuchen mit Schokoguss? Langweilig! Doch keine Angst, einzigartige **Motiv-
kuchen** für Kindergeburtstag, Kindergartenfest und Co. lassen sich mit Fondant ganz
leicht herstellen. Aus einem Biskuitteig oder einem Rührteig entsteht ein einfacher
Kuchen, der mit Fondant überzogen wird. Aus der Zuckermasse zaubern Sie raffinierte
Verzierungen, die Ihre Liebsten in Staunen versetzen werden. Ob für die kleine Prin-
zessin oder den Fußballfan, hier finden Sie zahlreiche Ideen, wie Sie für Ihre Kinder
originelle Torten zaubern können — so einzigartig wie Ihre Kinder selbst.

GRUNDWISSEN

SILIKONMATTE

Als Unterlage eignet sich eine Silikonmatte, da sich der Fondant hier gut wiederablösen lässt.

AUSSTECHER UND FORMEN

Es gibt spezielle Fondantausstecher mit Prägung. Durch einen Federmechanismus wird auf den Fondant eine Maserung geprägt. Aber auch normale Backförmchen eignen sich hervorragend. Feine dreidimensionale Elemente lassen sich am besten mit Silikonformen herstellen.

FEINER PINSEL

Um Einzelteile aus Fondant aneinanderzukleben, benötigen Sie einen feinen Pinsel. Fondant wird mit Wasser verklebt.

PRÄGESTEMPEL

Besondere Muster lassen sich mit Prägestempeln auf dünn ausgerolltes Fondant übertragen.

TEIGRÄDCHEN

Verzierungen und Linien lassen sich mit einem Teigrädchen auf den Fondant übertragen.

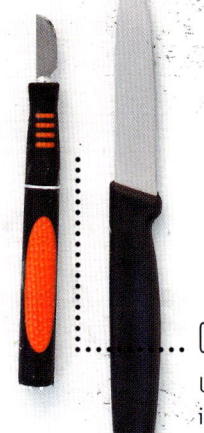

CUTTER/MESSER

Um den Fondant in kleine Stücke zu schneiden, benötigen Sie ein scharfes Messer oder einen Cutter.

MODELLIERWERKZEUG

Es gibt viele verschiedene Werkzeuge, die speziell für das Arbeiten mit Fondant entwickelt wurden. Mit den unterschiedlichen Köpfen lassen sich Muster einprägen. Besonders das Kugelwerkzeug wird häufig verwendet.

LINEAL

Ein Lineal oder ein Maßband hilft beim Bestimmen der Größen Ihrer Fondant-Verzierungen.

MATERIAL

WAAGE
Zum Abwiegen der Zutaten benötigen Sie eine Waage.

GLÄTTER
Das Überziehen einer Torte mit Fondant gelingt besonders gut mit einem speziellen Glätter. Aber auch mit Ihren Händen können Sie die Fondantplatte über Ihren Kuchen ziehen.

ROLLHOLZ AUS PLASTIK
Zum Ausrollen des Fondant sollten Sie kein Nudelholz verwenden, da sich die Holzstruktur auf den Fondant überträgt.

BACKWERKZEUG
Neben Schneebesen, Spatel, Pinsel, Kuchenmesser und Co. benötigen Sie natürlich noch Schüsseln, Springformen, Kastenformen, Backpapier und weitere Werkzeuge und Materialien, die Sie auch sonst zum Backen verwenden.

GRUNDREZEPTE CUPCAKES

Wer noch keine Erfahrungen mit Fondant gemacht hat, sollte sich zunächst an Cupcakes versuchen. Hier werden einfache Muffins mit einem Klecks Creme, einem sogenannten „Topping", versehen und anschließend mit Fondant verziert. Anleitungen für Cupcake-Verzierungen finden Sie auf Seite 20–31. Die Muffin-Rezepte für die Basis Ihrer Cupcakes finden Sie hier:

VANILLE-MUFFINS

ZUTATEN FÜR 6 MUFFINS

- ► 50 g Butter
- ► 90 g Zucker
- ► 120 g Mehl
- ► 1 Ei
- ► 60 g Milch
- ► 1 gestrichener TL Backpulver
- ► Mark einer Vanilleschote

1 Den Backofen auf 180°C vorheizen. **2** Die Butter in einem kleinen Topf bei niedriger Temperatur schmelzen. Alle Zutaten mit dem Besen des Handrührgeräts oder der Küchenmaschine zu einer homogenen Masse verrühren. **3** Die Eier nicht direkt aus dem Kühlschrank verwenden, am besten 30 Minuten zuvor herausnehmen und temperieren lassen. **4** Eine geeignete Muffinform aus Metall oder Keramik mit Butter einfetten und dünn mit Zucker ausstreuen. Sie können auch Papiermanschetten oder Silikonformen verwenden. Diese müssen nicht eingefettet und gezuckert werden. **5** Die Masse einfüllen und im Backofen auf der mittleren Schiene ca. 20 Minuten backen. Wenn die kleinen Kuchen schön aufgegangen sind, herausnehmen und ca. 10 Minuten auskühlen lassen.

VARIATIONEN:

SCHOKO-MUFFINS

ZUTATEN

- ► 50 g Butter
- ► 90 g Zucker
- ► 100 g Mehl
- ► 20 g Kakao
- ► 50 g Schokoladen-
  stückchen
- ► 1 Ei
- ► 60 g Milch
- ► 1 gestrichener TL
  Backpulver
- ► Mark einer Vanille-
  schote

NUSS-MUFFINS

ZUTATEN

- ► 50 g Butter
- ► 90 g Zucker
- ► 70 g Mehl
- ► 10 g Kakao
- ► 40 g gemahlene
  Haselnüsse
- ► 1 Ei
- ► 60 g Milch
- ► 1 gestrichener TL
  Backpulver
- ► Mark einer Vanille-
  schote

TOPPINGS

Erst das Topping macht den Muffin zum Cupcake. Es gibt verschiedene Varianten für Toppings, suchen Sie sich Ihren Favoriten aus. Alle hier vorgestellten Cremes eignen sich auch für die Füllung der Biskuittorten (siehe Torte schichten Seite 14).

FRISCHKÄSE-CREME

ZUTATEN

- ► 125 g weiche Butter
- ► 125 g Frischkäse
- ► 250 g Puderzucker
- ► 1 Limette, deren Saft
- ► Nach Belieben Lebensmittelfarbe

1 Butter, Frischkäse und Puderzucker mit dem Schneebesen aufschlagen und mit Limettensaft abschmecken. **2** In einen Spritzbeutel füllen und auf die ausgekühlten Muffins spritzen.

MASCARPONE-CREME

ZUTATEN

- ► 250 g Mascarpone
- ► 60 g Puderzucker
- ► 2 EL Marmelade

1 Mascarpone, Puderzucker und Marmelade glatt rühren. **2** In einen Spritzbeutel füllen und auf die ausgekühlten Muffins spritzen.

SCHOKOLADEN-CREME

ZUTATEN

- ► 125 g flüssige Schlagsahne
- ► 75 g Vollmilchschokolade
- ► 1 EL Puderzucker

1 Die Sahne in einem Topf zum Köcheln bringen, vom Herd nehmen und die Schokolade und den Puderzucker unter Rühren auflösen. **2** In eine Schüssel füllen und für mindestens vier Stunden in den Kühlschrank stellen. **3** Danach mit einem Schneebesen, dem Handrührgerät oder der Küchenmaschine die Schokoladen-Sahne steif schlagen. **4** In einen Spritzbeutel füllen und auf die Muffins spritzen.

BUTTERCREME

ZUTATEN

- ► 450 ml Milch
- ► 100 g Zucker
- ► 2 Päckchen Vanillezucker
- ► 45 g Maisstärke
- ► 1 Eigelb
- ► 200 g weiche Butter
- ► evtl. Vanillearoma (nach Geschmack)

1 Bringen Sie zwei Drittel der Milch, den Zucker und den Vanillezucker zum Kochen. **2** Die restliche Milch wird mit der Maisstärke und dem Eigelb verrührt. **3** Sobald die Milch kocht wird die Eigelb-Stärke-Mischung zügig untergerührt und auf kleiner Stufe unter ständigem Rühren ca. eine Minute lang gekocht. **4** Der nun dicke Brei (ähnlich wie ein Vanillepudding) wird mit Folie bedeckt und mindestens eine Stunde ausgekühlt. **5** Die weiche Butter, die Vanillecreme und nach Belieben Vanillearoma werden mit dem Schneebesen des Handrührgeräts oder der Küchenmaschine luftig aufgeschlagen. **6** Die Creme kann nach Belieben mit Lebensmittelfarbe eingefärbt werden. Hierfür eigenen sich Lebensmittelfarben in Gelform besonders gut, da diese die Konsistenz nicht verändern. Bei wässrigen Lebensmittelfarben wird die Creme etwas flüssiger.

GRUNDREZEPTE KUCHEN

Für eine Fondant-Motivtorte müssen Sie zuerst Ihren Grundkörper – einen Kuchen – backen. Sämtliche Kuchen in diesem Buch sind mit geschichtetem Biskuit gearbeitet worden. Wer etwas weniger Zeit investieren möchte, kann auch einen normalen Rührkuchen als Basis für seine Motivtorte wählen.

BISKUIT

Sie können Biskuit in einem hellen oder einem dunkeln Teig backen, als Variante können Sie auch einen Nuss-Biskuit herstellen, hier erhalten Sie einen hellbraunen Teig. Je nach Tortenform empfiehlt sich eine andere Backform. Beispielhaft werden hier drei Varianten vorgestellt. Die angegebenen Mengenangaben sind jedoch auf alle drei gezeigten Backformen anzuwenden.

BISKUIT - HELL

Für hellen Biskuit benötigen Sie für eine Springform mit 26 cm Durchmesser bzw. eine Kastenform (siehe Biskuit – dunkel) folgende Zutaten:

- 5 Eiklar
- 100 g Zucker
- 5 Eigelb
- 45 g Zucker
- Mark einer Vanilleschote
- 65 g Mehl
- 45 g Maisstärke
- 1 TL Backpulver

1 Bereiten Sie Ihre Springform folgendermaßen vor: Legen Sie ein Backpapier auf den Boden und spannen Sie es in die Form ein. Reißen Sie das überschüssige Papier auf der Rückseite einfach ab. Fetten Sie die Form am Rand noch gut ein. **2** Dann beginnen Sie mit dem Teig: Die Eigelbe mit dem Zucker und dem Mark der Vanilleschote aufschlagen, das Eiklar ebenfalls mit Zucker steif schlagen. Wenn man mit nur einer Schüssel und einem Schneebesen arbeitet muss man beachten, dass man zuerst das Eiklar schlägt, da Fettreste vom Eigelb in der Schüssel oder am Besen ein Aufschlagen des Eiklars unmöglich machen würden.

3 Das Eigelb wird nun vorsichtig mit einem Spatel unter das Eiweiß gehoben. Zügig arbeiten und darauf achten, dass die Luft nicht aus der Masse herausgeschlagen wird. Durch das Schlagen des Eiklars werden kleine Luftbläschen in der Masse gebunden, diese lassen den Biskuit im Ofen dann aufgehen und machen in locker. **4** Mehl, Stärke und Backpulver auf die Eier-Masse sieben. Dies verhindert Klumpenbildung und gibt dem Kuchen später eine schöne feine Struktur. **5** Wieder in zügigen nicht hektischen Bewegungen die Masse glatt rühren. **6** Die Biskuitmasse in die mit Backpapier ausgelegte, gefettete Springform geben, glattstreichen und auf der mittleren Schiene je nach Füllhöhe ca. 40–50 Minuten backen. Anschließend den Biskuit nach 10 Minuten Auskühlzeit aus der Form lösen. Anschließend kann der Biskuit in etwa 2 bis 3 cm dicke Scheiben geschnitten werden.

BISKUIT – DUNKEL

Für den Biskuit benötigen Sie für eine Springform mit 26 cm Durchmesser bzw. eine Kastenform folgende Zutaten:

- ▶ 5 Eiklar
- ▶ 100 g Zucker
- ▶ 5 Eigelb
- ▶ 45 g Zucker
- ▶ Mark einer Vanilleschote
- ▶ 35 g Mehl
- ▶ 25 g Kakaopulver
- ▶ 45 g Maisstärke
- ▶ 1 TL Backpulver

1 Bereiten Sie die Springform wie beim hellen Biskuit beschrieben vor oder fetten Sie eine Kastenform ein. Die Wahl der Form hängt auch von der Form Ihres Kuchens ab. **2** Die Eigelbe mit dem Zucker und dem Mark der Vanilleschote aufschlagen, das Eiklar ebenfalls mit Zucker steif schlagen. Wenn man mit nur einer Schüssel und einem Schneebesen arbeitet muss man beachten, dass man zuerst das Eiklar schlägt, da Fettreste vom Eigelb in der Schüssel oder am Besen ein Aufschlagen des Eiklars unmöglich machen würden.

3 Das Eigelb wird nun vorsichtig mit einem Spatel unter das Eiweiß gehoben. Zügig arbeiten und darauf achten, dass die Luft nicht aus der Masse herausgeschlagen wird. Durch das Schlagen des Eiklars werden kleine Luftbläschen in der Masse gebunden, diese lassen den Biskuit im Ofen dann aufgehen und machen in locker. **4** Mehl, Stärke, Kakaopulver und Backpulver auf die Eier-Masse sieben. Dies verhindert Klumpenbildung und gibt dem Kuchen später eine schöne feine Struktur. **5** Wieder in zügigen, nicht hektischen Bewegungen die Masse glatt rühren und in die gefettete Form geben. **6** Auf der mittleren Schiene je nach Füllhöhe ca. 40–50 Minuten backen. Anschließend den Biskuit nach 10 Minuten Auskühlzeit aus der Form lösen. Anschließend kann der Biskuit in etwa 2 bis 3 cm dicke Scheiben geschnitten werden.

BISKUIT - NUSS

Für den Biskuit benötigen Sie für eine Springform mit 26 cm Durchmesser bzw. eine Kastenform folgende Zutaten:

- ► 5 Eiklar
- ► 100 g Zucker
- ► 5 Eigelb
- ► 45 g Zucker
- ► Mark einer Vanilleschote
- ► 25 g Mehl
- ► 12 g Kakaopulver
- ► 25 g gemahlene Haselnüsse
- ► 45 g Maisstärke
- ► 1 TL Backpulver

1 Bereiten Sie die Springform wie beim hellen Biskuit (Seite 10) beschrieben vor oder fetten Sie eine Kastenform ein. Wenn Sie eine gewölbte Form benötigen, eignet sich eine feuerfeste, eingefettete Schüssel als Form. Die Wahl der Form hängt von der Form Ihres Kuchens ab. **2** Die Eigelbe mit dem Zucker und dem Mark der Vanilleschote aufschlagen, das Eiklar ebenfalls mit Zucker steif schlagen. Wenn man mit nur einer Schüssel und einem Schneebesen arbeitet, muss man beachten, dass man zuerst das Eiklar schlägt, da Fettreste vom Eigelb in der Schüssel oder am Besen ein Aufschlagen des Eiklars unmöglich machen würden.

3 Das Eigelb vorsichtig mit einem Spatel unter das Eiweiß heben. Zügig arbeiten und darauf achten, dass die Luft nicht aus der Masse herausgeschlagen wird. Durch das Schlagen des Eiklars werden Luftbläschen in der Masse gebunden, diese lassen den Biskuit im Ofen dann aufgehen. **4** Mehl, Stärke, Kakaopulver und Backpulver auf die Eier-Masse sieben. Dies verhindert Klumpenbildung und gibt dem Kuchen später eine feine Struktur. Haselnüsse dazugeben. **5** In zügigen, nicht hektischen Bewegungen die Masse glatt rühren und in eine gefettete Form geben. Auf der mittleren Schiene je nach Füllhöhe ca. 40–50 Minuten backen. Anschließend den Biskuit nach 10 Minuten Auskühlzeit aus der Form lösen. Nun kann der Biskuit in die gewünschte Form geschnitten werden.

AUFBAU EINER FONDANTTORTE

Bevor der Fondant über die Torte gezogen wird (Seite 15), wird sie mit Creme geschichtet und anschließend mit Marmelade oder Buttercreme bestrichen. Diese Schicht ist äußerst wichtig, da sonst der Fondant nicht an dem Biskuit haften würde.

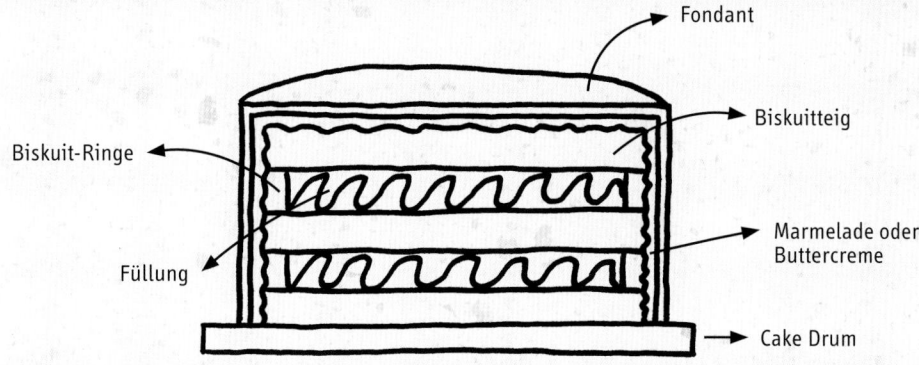

Fondant

Biskuitteig

Biskuit-Ringe

Marmelade oder Buttercreme

Füllung

Cake Drum

FONDANT

Die Torte wird mit Fondant ummantelt (siehe Seite 14/15).

BISKUITTEIG

Die einzelnen Schichten bestehen aus Biskuitteig (Rezepte Seite 10–13).

BISKUITRINGE

Wenn die Torte gefüllt werden soll, müssen Biskuitringe eingefügt werden, damit die Füllung an ihrem Platz bleibt.

FÜLLUNG

Zwischen den Biskuitschichten wird die Torte mit einer Creme gefüllt (Rezepte Seite 9).

MARMELADE ODER BUTTERCREME

Damit der Fondant an der Torte haften bleibt, muss der Biskuit mit Marmelade oder Buttercreme (Rezept Seite 13) bestrichen werden.

CAKE DRUM

Eine Cake Drum ist ein fester Karton oder ein dünnes Stück Holz, das mit Fondant überzogen wird (siehe Seite 35). Es bildet die Präsentationsplatte für Ihren Kuchen.

GRUNDREZEPT BUTTERCREME ZUM ÜBERZIEHEN

ZUTATEN

- ▶ 250 g weiche Butter
- ▶ 250 g Puderzucker
- ▶ Mark einer Vanilleschote
- ▶ Nach Belieben Aroma

1 Mit dem Schneebesen des Handrührgeräts oder der Küchenmaschine werden Butter, Puderzucker und das Vanillemark schaumig aufgeschlagen.
2 Die Masse wird dann anschließend dünn mit einem Spachtel auf die Torte aufgetragen. **3** Anschließend kann die Torte mit einer Fondantplatte umhüllt werden (siehe Seite 15).

TORTE SCHICHTEN

1 Nachdem Sie Ihren Biskuitteig (Grundrezepte Seite 10–12) gebacken haben, schneiden Sie ihn in Scheiben. Am einfachsten ist eine runde Form. Hier können Sie mit Tortenringen arbeiten, die es Ihnen erleichtern gleichdicke Scheiben zu schneiden. Da die Füllung später nicht direkt mit dem Fondant in Berührung kommen soll, brauchen Sie auch Kuchenringe, die als Abstandshalter dienen. Am einfachsten stechen Sie dafür einen kleineren Kreis aus einer Scheibe aus. Sie können dafür auch Biskuitreste verwenden. **2** Der in Scheiben geschnittene Biskuit wird anschließend mit glatt gerührter Marmelade (ich bevorzuge Aprikose) eingestrichen und in einem Tortenring geschichtet. Beginnen Sie mit einer Scheibe Biskuit, dann legen Sie einen Kuchenring auf, den Sie ebenfalls mit Marmelade bestreichen. **3** Dann füllen Sie die Creme (Rezepte siehe Seite 9, Toppings) in die Vertiefung. Darauf folgt wieder eine Scheibe Biskuit. **4** Nachdem man die letzte Scheibe Biskuit aufgelegt hat, drückt man alles mit leichtem Druck zusammen. Nun für mindestens 30 Minuten in den Kühlschrank stellen. Unbedingt abdecken oder in Frischhaltefolie einpacken, da die Füllung schnell Kühlschrankgerüche annimmt. **5** Wenn alles schön gekühlt ist, wird die Torte vorsichtig aus dem Ring gelöst und anschließend mit Marmelade oder mit Buttercreme (Rezept Seite 13) seitlich und am Deckel eingepinselt. Stellen Sie die Torte für 10–15 Minuten in den Kühlschrank.

TORTE MIT FONDANT ÜBERZIEHEN

SIEHE **SPICKZETTEL**

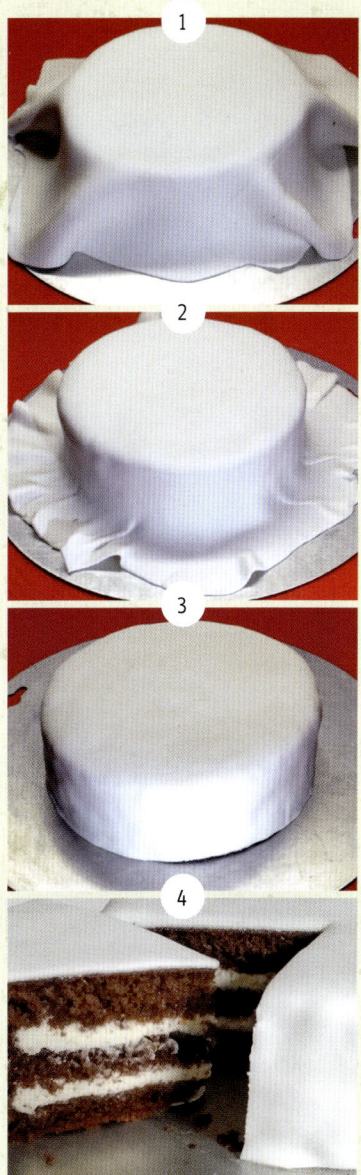

1 Sobald die Torte mit Marmelade oder dünn mit Buttercreme eingestrichen und ca. 15 Minuten gekühlt wurde, kann Sie mit Fondant überzogen werden. Dafür rollen Sie zuerst den Fondant in der gewünschten Farbe dünn aus. Er sollte nicht dicker als 0,5 cm sein. Der Durchmesser der Torte plus die Höhe der Torte ergibt den minimalen Durchmesser der benötigten Fondant-platte. **2** Die Fondantplatte auf die bestrichene Torte legen und den Fondant mit den Händen oder einem Glätter von oben nach unten Stück für Stück glatt an den Kuchen streichen. Kleine Bläschen können Sie mit einer Messerspitze aufstechen und den Fondant mit der Hand glattstreichen. **3** Zum Schluss den Überschuss knapp am Tortenboden mit einem Messer abschneiden. **4** Wenn Sie die Torte nun aufschneiden, sehen Sie die Biskuit-Creme-Schichten. Stellen Sie die Torte nach dem Überziehen nicht mehr in den Kühlschrank, da die Feuchtigkeit den Fondant auflösen kann.

Für Einsteiger Fondantplatten, die bereits ausgerollt sind und direkt über den Kuchen gezogen werden können, gibt es auch zu kaufen. Allerdings nur in Weiß. Besonders für Fondant-Neulinge sind diese Platten jedoch perfekt geeignet.

TIPP

ALLES, WAS SIE ÜBER FONDANT WISSEN MÜSSEN

SIEHE **SPICKZETTEL**

▶ Fondant gibt es in verschiedenen Farben und Qualitäten. Nicht immer muss das Billigste das Schlechteste und das Teuerste das Beste sein. Jedes Fondant ist ein wenig anders. Es gibt luftig-poröse, cremig-weiche und feste Fondants. Am besten Sie probieren einfach verschiedene Marken aus.

▶ Fondant lässt sich wie Knetmasse verarbeiten. Sollte Ihr Fondant zu fest sein, können Sie ihn für ein paar Sekunden in die Mikrowelle legen und anschließend geschmeidig kneten. Zu cremige Massen werden mit etwas Speisestärke fester geknetet.

▶ Als erstes nehmen Sie das Fondant aus der Packung und kneten es gut durch. Sie können die Farben auch mischen oder marmorieren. Entweder beginnen Sie nun mit dem Modellieren, wie Sie es mit Knetmasse tun würden oder Sie rollen die Masse zu einer Platte aus, aus der Sie dann Verzierungen ausstechen oder schneiden.

▶ Verwenden Sie zum Ausrollen ein Plastikrollholz. Bei einem gewöhnlichen Nudelholz würde sich die Holzstruktur auf den Fondant übertragen.

▶ Zum Aufbewahren Fondant fest in Klarsichtfolie einwickeln und in einer luftdicht verschließbaren Box an einem kühlen, lichtgeschützten Ort lagern.

▶ Fondant verträgt keine Hitze (es schmilzt), keine Kälte (es zersetzt sich), keine Feuchtigkeit (es löst sich auf) und kein Sonnenlicht (es verliert die Farbe). Nach dem Trocknen ist Fondant jedoch lange haltbar. Größere Dekoelemente aus Fondant sollten eine Woche bei Zimmertemperatur trocknen.

▶ Arbeiten Sie mit Fondant auf einer Silikonmatte. Alternativ können Sie auch eine saubere, glatte Fläche mit etwas Speisestärke bestäuben. Die Speisestärke am besten mit einem Tuch aufnehmen und verteilen.

▶ Fondant wird mit Wasser verklebt. Wenn Sie einzelne Elemente miteinander verbinden wollen oder Elemente auf einem Fondantuntergrund fixieren möchten, streichen Sie mit einem dünnen Pinsel etwas Wasser auf Ihr Fondantelement und drücken Sie es an die gewünschte Stelle. Der Fondant löst sich hier etwas auf und verbindet sich beim Trocknen miteinander.

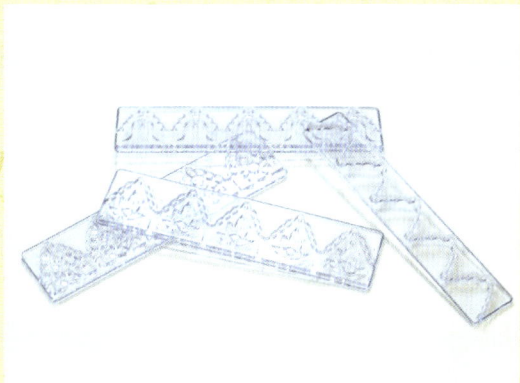 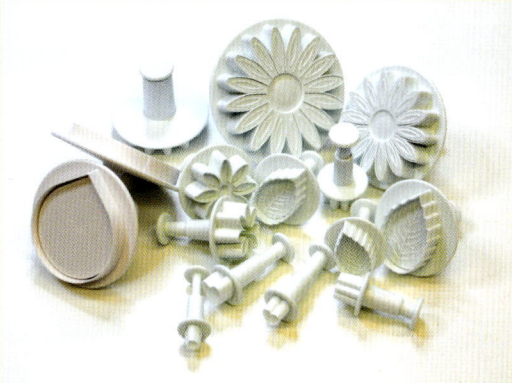

Um besondere Muster zu erzielen, können Sie **Prägestempel** verwenden. Mit diesen kann auf dünn ausgerolltes Fondant ein Muster gestempelt werden.

Für Blüten und Blätter eignen sich besonders gut spezielle **Fondantausstecher** mit Prägung. Durch einen Federmechanismus wird auf das ausgestochene Stück eine Maserung geprägt. Außerdem wird das Auslösen aus dem Stempel erleichtert.
Selbstverständlich kann man aber auch herkömmliche Plätzchenausstecher verwenden. Beim Ausstechen von Fondant am besten auf einer Moosgummimatte arbeiten, so werden die Kanten glatter und schöner.

ZEITPLAN

Für eine Fondanttorte sollte Sie etwas mehr Zeit einplanen als für eine gewöhnliche Geburtstagstorte, da die Verzierungen lange austrocknen müssen, bevor sie auf die Torte angebracht werden können. Ein grober Zeitplan hilft Ihnen bei der Planung:
Etwa eine Woche vorher: Fondant-Dekoelemente (wie Blüten, Figuren etc.) arbeiten und trocknen lassen.
Zwei Tage vorher: Kuchen backen und schichten, ggf. Buttercreme für das Überziehen vorbereiten.
Ein Tag vorher: Torte mit Fondant eindecken und dekorieren.

CUPCAKES

KNÖPFCHEN UND SCHLEIFCHEN
zuckersüß verpackt

MATERIAL
FÜR DIE VERZIERUNGEN

▶ Fondant in verschiedenen Farben

▶ Wasser

WERKZEUG

▶ runde Ausstechformen mit und ohne gewelltem Rand, ca. ø 5–6 cm

▶ runde Ausstechformen, ca. ø 2–3 cm

▶ Kugelwerkzeug

▶ Messer

▶ Pinsel

▶ Moosgummiplatte

1 Bereiten Sie zuerst die Muffins vor (Rezepte Seite 8/9). Nach dem Auskühlen können Sie die diese dann mit dem Fondant verzieren.

2 Für die Knopf-Cupcakes bereiten Sie zuerst die Rüschendecke aus weißem Fondant zu. Rollen Sie den Fondant dafür auf eine Dicke von 2 mm aus.

3 Dann stechen Sie mit einem gewellten Ausstecher einen Kreis aus. Der Ausstecher sollte etwas kleiner als Ihr Cupcake sein. Mit einem zweiten gewellten Ausstecher, eine Nummer kleiner, prägt man leicht versetzt einen Rand. Nun drückt man mit der kleinen Kugel des Kugelwerkzeugs Mulden in jede entstandene Rüsche. Wenn Sie kein Kugelwerkzeug haben, können Sie z. B. auch den Kopf einer Stecknadel benutzen. Zum Schluss prägen Sie den Innenrand mit einem runden Ausstecher.

4 Für die Knöpfe rollen Sie den Fondant in unterschiedlichen Farben auf eine Dicke von 0,5 cm aus. Stechen Sie aus den Fondantplatten mit einem runden Ausstecher Kreise aus.

5 Legen Sie die Kreise auf die Moosgummiplatte und pressen Sie mit der kleinen Kugel des Kugelwerkzeugs die Löcher in den Knopf. Danach prägen Sie mit einem Ausstecher (eine Nummer kleiner) den Rand. Achten Sie darauf, dass Sie beim Prägen nicht zu tief stechen. Lassen Sie die ELemente mindestens einen Tag trocknen.

6 Kleben Sie die Knöpfe mit Wasser auf die Rüschenplatte. Diese fixieren Sie dann mit einen Klecks Buttercreme (Rezept Seite 9).

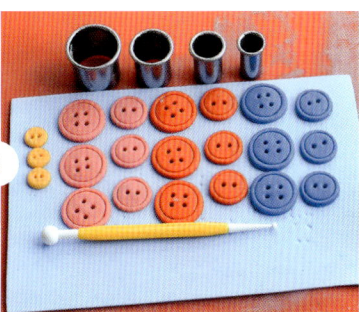

weiter auf S. 22 ➞

6 Für die Schleife schneiden Sie sich aus einer Fondantplatte (0,2 cm dick) vier Rechtecke zurecht (siehe Foto).

7 Das große Rechteck bepinseln Sie mittig mit etwas Wasser und klappen die Enden zur Mitte hin.

8 Das kleine Rechteck wird über die „Naht" geklebt. Dafür den Fondant wieder mit Wasser bepinseln.

9 Die zwei länglichen Rechtecke, aus denen man jeweils am Ende ein Dreieck entfernt, dienen als Bänder für die Schleife. Lassen Sie die Schleife mindestens einen Tag trocknen.

10 Bringen Sie einen Klecks Buttercreme (Rezept Seite 9) auf den Cupcake auf und setzen Sie die Schleife darauf.

TEDDYBÄR UND SÜSSE BABYS

für die ganz Kleinen

Anleitung auf S. 24/25 ➝

MATERIAL

▶ Fondant in verschiedenen Farben

▶ Wasser

WERKZEUG

▶ runde Ausstechformen,
  ca. ø 5–6 cm

▶ runde Ausstechformen mit
  gewelltem Rand, ca. ø 5–6 cm

▶ Silikonform Schleifchen

▶ Kugelwerkzeug

▶ Messer

▶ Pinsel

1 Bereiten Sie die Muffins vor (Rezept Seite 8/9). Nach dem Auskühlen können Sie die diese dann mit den Fondant-Elementen verzieren. Die Cupcakes mit den Babys erhalten als Unterlage eine Rüschendecke, die wie auf Seite 20 unter Punkt 3 beschrieben gearbeitet wird.

2 Für den spielenden Jungen bereiten Sie einen blauen Zylinder, eine hautfarbene größere Kugel für den Kopf, zwei kleinere Kugeln für die Hände und zwei noch kleinere Kugeln für die Ohren vor.

3 Der gut gekneteter Zylinder wird oben und unten zu je einem Drittel eingeschnitten. Aus den oberen Stücken formt man die Arme, aus den unteren die Beine und Füße.

4 Die zwei kleinen Kugeln als Hände und die zwei kleinen Kügelchen als Ohren mit etwas Wasser ankleben. Dann dem Baby noch Augen und Schnuller aus platt gedrückten Kügelchen aufkleben. Zum Schluss setzt man dem Kleinen eine Bommelmütze aus einer Halbkugel Fondant auf. Das Baby auf das Rüschendeckchen setzen (mit Wasser fixieren) und alles mindestens einen Tag trocknen lassen. Dann das Baby samt Decke mit Buttercreme (Rezept Seite 9) auf dem Cupcake aufbringen.

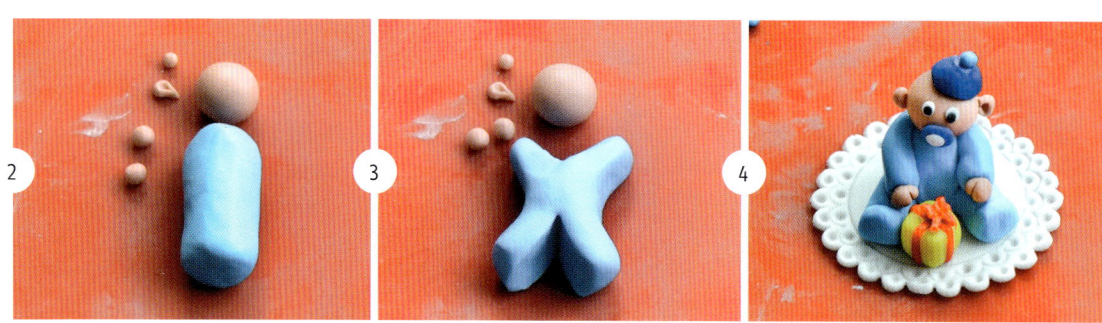

2   3   4

5 Für das schlafende Baby ebenfalls die einzelnen Teile vorbereiten.

6 Ein roter Kreis wird mit der kleinen Kugel des Kugelwerkzeugs geprägt um eine Steppdecke anzudeuten und mit gelben Kügelchen verziert. Ein rotes Oval dient als Kissen, etwas weißes Fondant als Körper des Babys. Zum Schluss nur noch den Kopf mit Wasser ankleben, zwei kleine Kügelchen als Ohren, eine plattgedrückte rosafarbene Kugel als Schnuller und eine Schleife auf dem Kopf runden alles ab. Die Fondant-Elemente mindestens einen Tag trocknen lassen. Dann alles mit einem Klecks Buttercreme (Rezept Seite 9) auf den Cupcake aufbringen.

7 Für den Teddy dient ein Dreieck als Körper und zwei Kegel als Arme.

8 Die Arme werden an das obere Ende des Dreiecks geklebt. Nun formt man den Bär. Mit hellerem Braun werden die Pfoten und die Schnauze angedeutet. Für die Ohren drückt man eine dunkelbraune Kugel platt und drückt etwas hellbraunes Fondant in die entstandene Mulde. Dann bekommt der Bär noch Augen und eine Nase, die aus plattgedrückten Kugeln geformt werden.

9 Zum Schluss wird aus einer grünen Fondantplatte ein Kreis ausgestochen, der dem Teddy als Spielwiese dient. Kleben Sie den Teddy mit Wasser auf die Fondantplatte. Lassen Sie alle Fondant-Elemente mindestens einen Tag trocknen. Dann bringen Sie alles mit einem Klecks Buttercreme (Rezept Seite 9) auf den Cupcake auf.

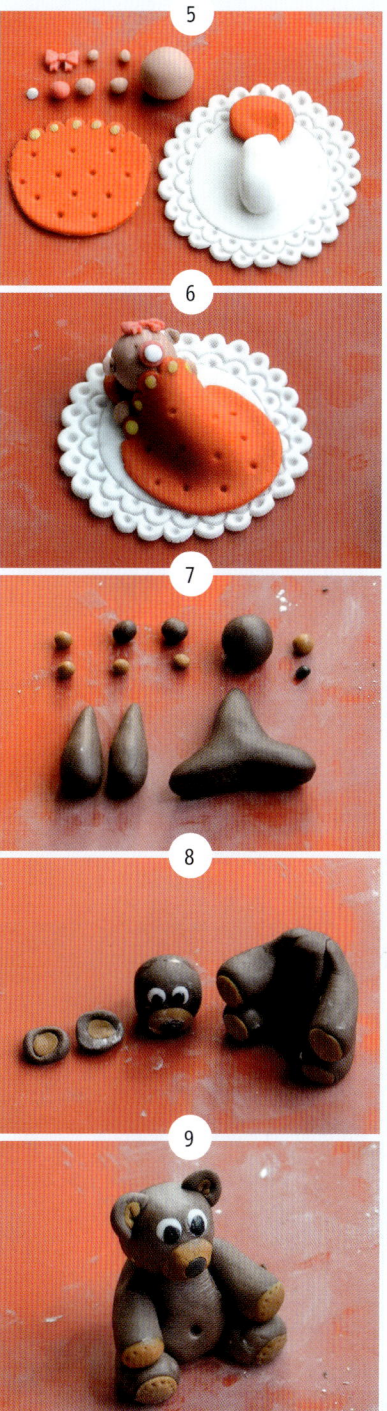

LUSTIGE ZIRKUSGESELLEN
Tiere, Clowns und mutige Seeräuber

MATERIAL
FÜR DIE VERZIERUNGEN
▶ Fondant in verschiedenen Farben
▶ Wasser

WERKZEUG
▶ runde Ausstechformen, diverse Größen
▶ Kugelwerkzeug
▶ Messer
▶ Pinsel

1 Bereiten Sie die Muffins vor (Rezept Seite 9). Nach dem Auskühlen können Sie die diese dann mit den getrockneten Fondant-Elementen verzieren. Als Grundlage für die Gesichter dienen Kreise aus farbigem Fondant. Dafür rollen Sie den Fondant etwa 2 mm dick aus und stechen die Kreise mit einem Förmchen aus.

2 Für den Bär benötigen Sie einen dunkelbraunen Kreis als Kopf. Für das Gesicht bzw. die Augenpartie ein hellbraunes Herz von dem man das untere Drittel abschneidet und für die Schnauze ein hellbraunes Oval. Für die Augen zwei weiße Kügelchen und zwei kleinere schwarze Kügelchen und für die Nase ebenfalls ein schwarzes Kügelchen. Für die Ohren zwei dunkelbraune und zwei kleinere hellbraune Kügelchen. Setzen Sie die einzelnen Teile mit Pinsel und Wasser zusammen.

3 Für den Clown sticht man eine Scheibe aus Fondant aus, die den gleichen Durchmesser wie die Muffins hat. Darauf klebt man eine kleinere weiße Scheibe als Kopf. Aus einem halben blauen Herz formt man die Mütze. Ein gelber Stern ziert als Bommel die Spitze der Mütze. Mit einem kleinen Blumenausstecher werden die Wuschelhaare gestanzt. Eine kleine Schleife, die dem Clown als Fliege dient, kann man am besten in einer Silikonform pressen. Dazu drückt man eine kleine Menge Fondant in die Form, entfernt mit dem Finger die Überschüsse und löst dann vorsichtig die Schleife aus. Zum Schluss bringt man noch zwei schwarze Kügelchen als Augen auf, ein rotes Kügelchen als Nase und einen roten Streifen als Mund.

weiter auf S. 28 ➝ **27**

4 Der Elefant besteht aus einem Kreis, zwei Herzen für die Ohren und einem Rüssel, der aus einer spitz zulaufenden Wurst geformt wird. Augen, Pupillen und Stoßzähne werden zum Schluss angebracht.

5 Für die Mähne des Löwen klebt man braune Herzen mit etwas Wasser auf eine in Muffindurchmesser ausgestochene Scheibe Fondant. Eine etwas kleinere Scheibe wird als Kopf darauf geklebt. Ein weißes Oval bildet die Schnauze. Aus zwei kleinen Herzen formt man die Ohren, indem man die oberen Enden eines Herzes zusammenzieht. Zum Schluss noch Augen, Pupillen und Nase anbringen.

6 Den Piratenkopf klebt man mit etwas Wasser auf eine Scheibe Fondant. Aus einem Rechteck schneidet man ein Dreieck heraus um die Schleife des Kopftuchs anzudeuten. Ein blauer Halbkreis dient als Kopfbedeckung.

7 Aus einem dünnen Streifen schwarzem Fondant und einem schwarzen Halbkreis bastelt man die Augenklappe. Zwei rosa Kügelchen drückt man mit dem Kugelwerkzeug platt und erzeugt so die Ohren. Dann noch ein Auge mit Pupille und eine Nase anbringen. Den Mund drückt man mit dem Kugelwerkzeug ein.

8 Die Gesichter werden, wenn nicht schon wie beim Löwen und beim Piraten geschehen, mit Wasser auf eine etwa 2 mm dicke farbige Scheibe Fondant aufgeklebt. Alle Fondant-Elemente mindestens einen Tag trocknen lassen.

9 Die Scheiben mit einem Klecks Buttercreme (Rezept Seite 9) auf die Muffins aufbringen.

Huhn, Esel und Schwein Wie Sie die Bauernhoftiere herstellen erfahren Sie auf Seite 40.

TIPP

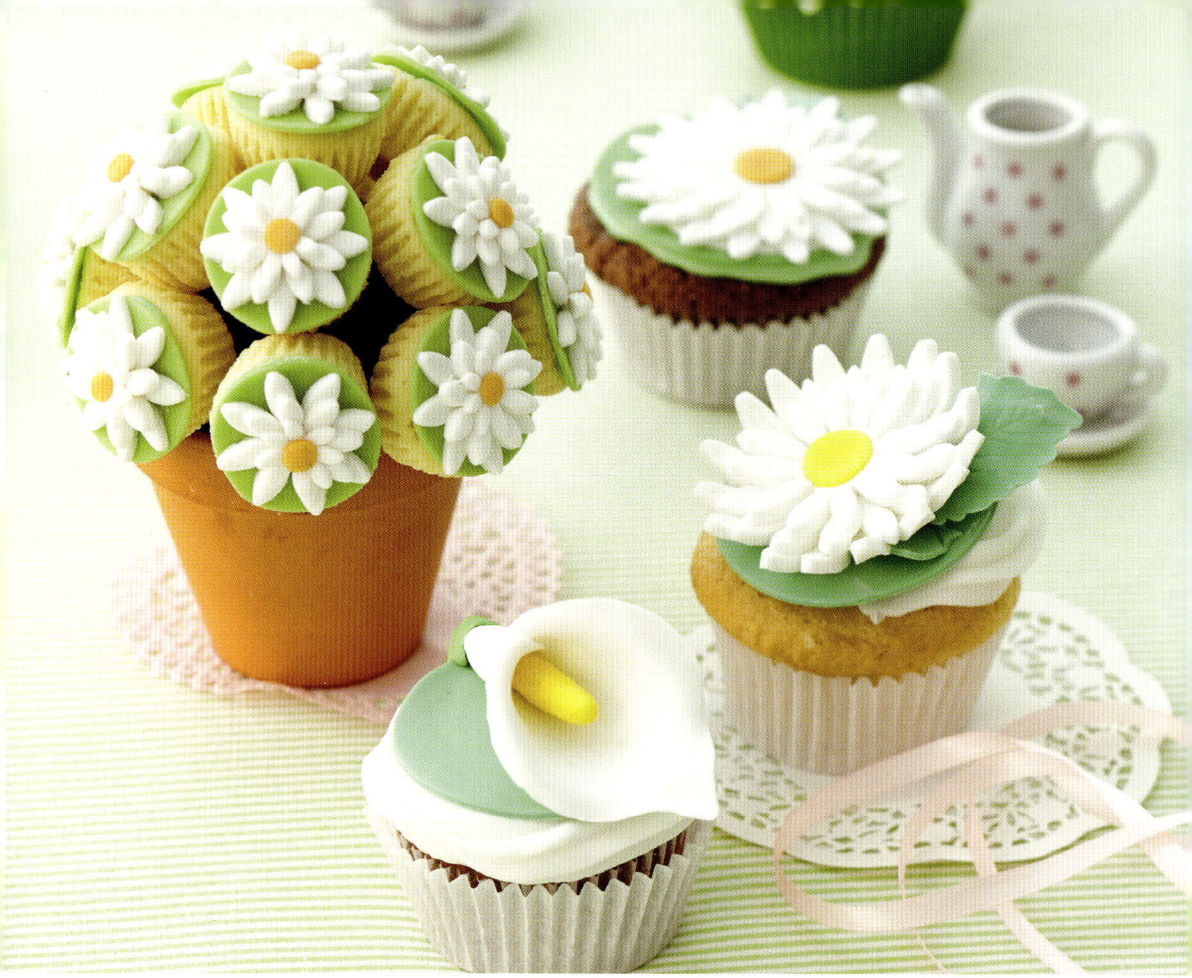

EIN HÜBSCHER BLUMENSTRAUSS
perfekt für kleine Prinzessinnen

MATERIAL

- ▶ Fondant in Grün, Weiß und Gelb
- ▶ Wasser
- ▶ Zahnstocher
- ▶ Mini-Tontopf

WERKZEUG

- ▶ runde Ausstechformen, ca. ø 2 cm
- ▶ Fondant-Blumenausstechformen, klein, mittel und groß
- ▶ Kugelwerkzeug
- ▶ Messer
- ▶ Pinsel

1 Bereiten Sie die Muffins vor (Rezept Seite 8/9). Nach dem Auskühlen können Sie diese dann mit den getrockneten Fondant-Elementen verzieren.

2 Für die großen einzelnen Blüten stanzen Sie mit verschieden großen Blumenausstechern aus einer weißen Fondantplatte (ca. 2 mm dick) Blütenblätter aus.

3 Diese kleben Sie mit etwas Wasser zusammen, in die Mitte setzen Sie eine kleine Kugel aus orange- oder gelbfarbenem Fondant als Blütenstempel.

4 Stechen Sie aus einer grünen Fondantplatte einen Kreis aus, auf diesen fixieren Sie die Blüte mit etwas Wasser. Lassen Sie alle Fondant-Elemente mindestens einen Tag trocknen. Dann bringen Sie alles mit einem Klecks Buttercreme (Rezept Seite 9) auf den Cupcake auf.

5 Für den Blumenstrauß wird ein dunkler Muffin in einen passenden sauberen Tontopf gestellt. Sie brauchen insgesamt 12 Mini-Muffins (Zutaten von Seite 8/9 sind ausreichend für mindestens 12 Mini-Muffins). Begradigen Sie die Muffins, in dem Sie die Köpfe mit einem Messer abschneiden.

6 Mit Zahnstochern oder gekürzten Holzspießen befestigen Sie nun die kleinen Muffins an dem größeren Muffin.

7 Die kleine Blüten werden mit einem Ausstecher aus einer weißen Fondantplatte gestanzt. Diese kleben Sie dann mit etwas Wasser auf grüne Scheiben, die den gleichen Durchmesser wie die kleinen Muffins haben. Lassen Sie alle Fondant-Elemente mindestens einen Tag trocknen.

8 Mit grüner Buttercreme, Icing oder Topping klebt man die Blüten auf die Muffins.

FONDANTTORTEN

BAUSTELLENTORTE

für große und kleine Baumeister

MATERIAL

FÜR DIE CAKE DRUM

- ► Fondant in Hellgrün, Dunkelgrün und Dunkelbraun
- ► Pappe, Karton oder dünnes Holz (ca. 35 cm x 20 cm)
- ► Rollholz
- ► Blumenausstecher in verschiedenen Größen

FÜR DIE TORTENVERZIERUNG

- ► Fondant in verschiedenen Farben
- ► Wasser
- ► Pinsel
- ► Glätter
- ► Lineal
- ► scharfes Messer
- ► Lebensmittelfarbstift in Schwarz

CAKE DRUM

1 Eine schöne Torte braucht auch einen Schönen Untergrund. Man steckt viel Zeit, Liebe und Geduld in eine Fondanttorte. Daher sollte diese dann auch anspruchsvoll serviert werden. Für eine schöne Unterlage verwendet man sogenannte „Cake Drums" aus Pappe, dickem Karton oder dünnem Holz. Diese Unterlage wird mit Fondant überzogen und meist auch mit Ausstechern verziert. Die Maße Ihrer Cake Drum richtet sich natürlich nach der Größe Ihrer Torte. Wählen Sie lieber eine etwas größere Platte, so haben Sie etwas mehr Spielraum, wenn Sie die Torte am Schluss darauf platzieren.

2 Für die „Cake Drum" der Baustellentorte rollen Sie eine hellgrüne und eine dunkelgrüne Wurst aus Fondant.

3 Die beiden Würste werden dann ineinandergerollt und anschließend ausgewellt.

4 Falten Sie den ausgewellten Fondant in der Mitte und schlagen Sie ihn zusammen. Rollen Sie ihn erneut aus. Wiederholen Sie den Vorgang bis ihre Fondantplatte etwas größer als Ihre Pappe oder Ihr Karton ist. Der Fondant sollte dabei nicht dicker als 5 mm sein.

5 Legen Sie Ihre Unterlage auf den Fondant und schlagen Sie ihn um die Kanten und schneiden Sie den überschüssigen Fondant mit einem Messer ab.

6 Für die Baustelle wird eine Wiese mit Weg modelliert. Dafür rollen Sie eine dünne Wurst in Braun und drücken sie am Rand Ihrer Cake Drum platt. Mit Blumenausstechern prägt man den Fondant. Nicht zu tief stechen, nur oberlächlich stempeln. Lassen Sie die Fläche in der Mitte für Ihre Torte frei.

weiter auf S. 36 ➞ **35**

TORTE

1 Ein Kastenbiskuit (Rezept Seite 11) wird in drei gleichgroße Schichten geschnitten und mit Butttercreme (Rezept Seite 9) oder Marmelade Schicht für Schicht bestrichen. Wenn Sie Buttercreme verwenden, sollten Sie die Böden zuvor mit etwas Sirup, den man aus Wasser und Zucker im Verhältnis 1:1 kocht und mit etwas Aroma verfeinert, bepinseln. Dadurch wird der Kuchen später nicht zu trocken.

2 Ein Rechteck wird aus dem geschichteten Kuchen geschnitten und halbiert. Diese Zwei Stücke kann man später zur Deko mit Fondant einschlagen und z. B. einen Steinhaufen oder Ziegelsteine daraus modellieren – oder sie direkt essen.

3 Mit einem Löffel hebt man oben auf dem Kuchen eine kleine Mulde aus. Den entnommenen Biskuit zerbröselt man und lässt ihn trocknen. Später können die Brösel wieder in die Mulde gefüllt werden. Schließlich soll auf der Baustelle auch gearbeitet werden.

4 Jetzt wird die Grundtorte mit Buttercreme oder Marmelade komplett eingestrichen und kommt für ca. 10–15 Minuten in den Kühlschrank.

5 Danach wird die Torte mit Fondant überzogen. Dieses vorher dünn (ca. 2 mm dick) ausrollen. Achtung! Fondant reißt sehr leicht. Wenn Sie noch keine Übung mit Fondant haben, rollen Sie den Fondant am Anfang lieber etwas dicker aus. Mit der linken Hand wird das Fondant gezogen, mit der rechten Hand mithilfe des Glätters an die Torte gestrichen.

6 Überschüsse mit einem scharfen Messer entfernen und noch einmal alles mit dem Glätter glatt streichen.

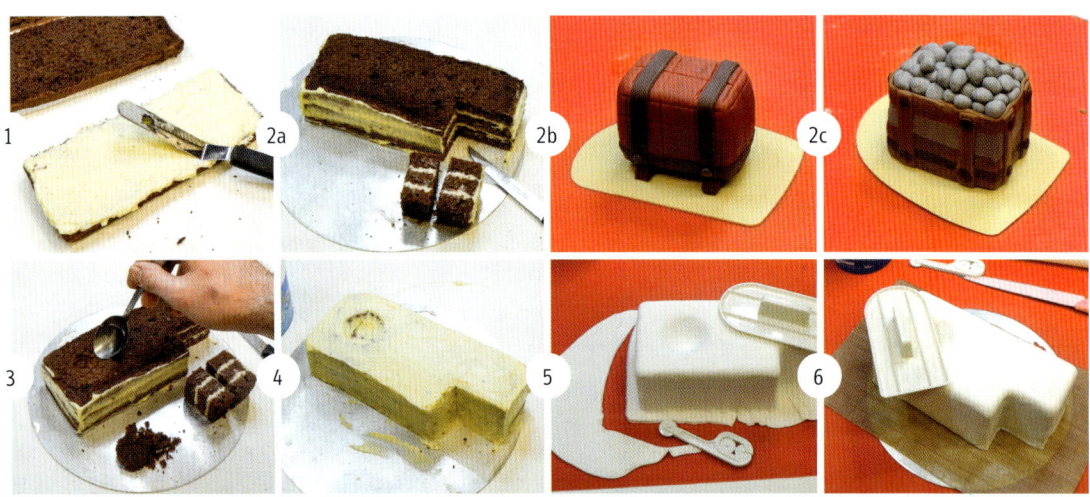

1   2a   2b   2c   3   4   5   6

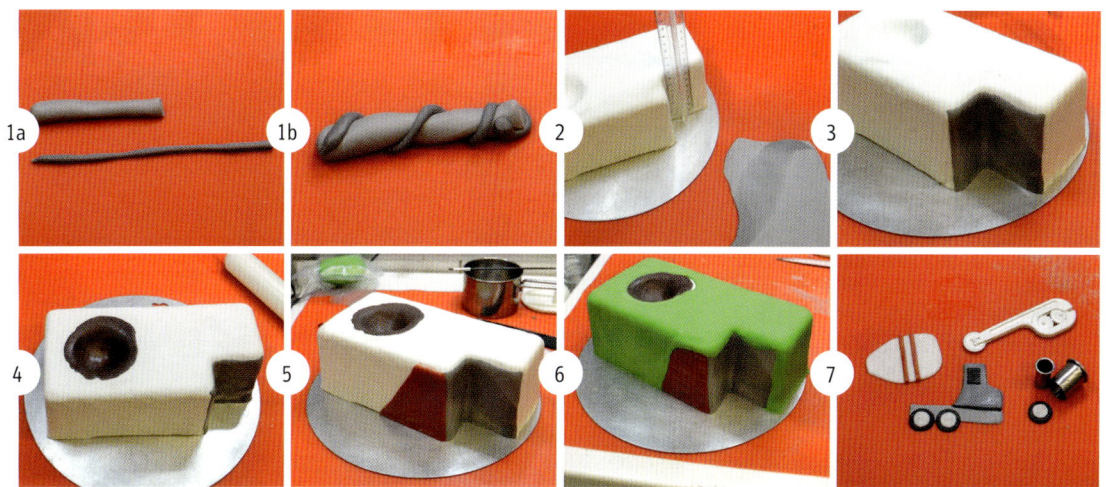

TORTENVERZIERUNG

1 Das herausgeschnittene Stück wird mit einer Felswand verkleidet. Dafür zwei Würste aus zwei verschiedenen Grautönen zusammenwickeln und ausrollen, einmal in der Mitte falten und erneut ausrollen, bis eine Fläche entsteht, die das entsprechende Tortenstück abdecken kann.

2 Mit dem Lineal die genauen Maße der Steinwand abmessen und entsprechend auf das Fondant übertragen und zurechtschneiden.

3 Mit einem Pinsel die Torte leicht mit Wasser befeuchten und die Steinplatte andrücken.

4 Die Grube wird mit einem braunen Kreis ausgelegt.

5 Für die Ziegelwand roten Fondant ausrollen, in Form schneiden und ankleben. Das Ziegelmuster wird mit einem Messerrücken geprägt. Danach mit einem Lebensmittelfarbstift die Fugen anmalen.

6 Die fast fertige Torte mit einer Platte aus grünem Fondant überziehen. Die Ziegel- und die Steinwand dabei aussparen. Streichen Sie die Kanten gut glatt. Formen Sie aus grauem Fondant mehrere Kugeln und legen Sie sie vor die Steinwand.

7 Der Betonmischer wird aus mehreren ausgeschnittenen bzw. ausgestochenen Fondantteilen zusammengeklebt und mit Wasser auf die Tortenwand aufgebracht.

8 Lassen Sie die verzierte Torte und die Cake Drum am besten über Nacht trocknen. Setzen Sie die Torte auf Ihre Cake Drum, dafür streichen Sie die Cake Drum mit Wasser ein und setzen die Torte darauf. Befeuchten Sie die Übergänge und verstreichen Sie sie.

BLUMENTORTE

ein bezauberndes Blütenmeer

MATERIAL

FÜR DIE CAKE DRUM

- ▶ Fondant in Weiß
- ▶ Pappe, Karton oder dünnes Holz (ca. ø 30 cm)
- ▶ Rollholz
- ▶ Blumenausstecher in verschiedenen Größen

FÜR DIE TORTENVERZIERUNG

- ▶ Fondant in verschiedenen Farben
- ▶ Wasser
- ▶ Pinsel
- ▶ Glätter
- ▶ scharfes Messer

1 Bereiten Sie zunächst Ihren Biskuitkuchen vor (Rezept Seite 10). Dann arbeiten Sie Ihre „Cake Drum", den Untergrund für Ihre Torte. Wie Sie diese herstellen, erfahren Sie auf Seite 34 bei der Baustellentorte.

2 Überziehen Sie Ihre Torte mit weißen Fondant (siehe Seite 15) und bringen anschließend die verschiedenen Blumen auf.

GÄNSEBLÜMCHEN

1 Für ein großes Gänseblümchen sticht man mit drei verschieden großen Blumenausstechern Blütenblätter aus ca. 2–3 mm dickem weißen Fondant aus.

2 Mit etwas Wasser in der Blütenmitte werden die Blüten aufeinandergeklebt.

3 Zum Schluss noch die Blütenmitte mit einer gelben, plattgedrückten Kugel ergänzen. Die Blüte mindestens einen Tag trocknen lassen.

EINFACHE MINI-ROSE

1 Aus einem ca. 1 mm dickem Streifen Fondant schneiden Sie Streifen von ca. 5 cm Länge und 1 cm Breite.

2 Nun nehmen Sie einen Streifen und rollen ihn von einem zum anderen Ende locker auf.

3 Mit einem spitzen Messer, einem Zahnstocher oder den Fingernägeln blättert man nun noch die einzelnen Schichten auseinander. Auf diese Weise kann man auch andere Blütenmuster erzeugen.

4 Ein Streifen der ziehharmonikamäßig zu zwei Drittel zusammengelegt wird, ergibt, wenn man das letzte Drittel luftig um die Zickzackfaltung legt, eine weitere schöne Blütenform.

5 Den Farben und Formen sind keine Grenzen gesetzt. Für eine Torte mit 26 cm Durchmesser benötigen Sie zwischen 100 und 200 solcher kleiner Blüten. Bereiten Sie die Blüten vor, damit Sie die Torte nach dem Überziehen sofort verzieren können.

GRÜSSE VOM BAUERNHOF

Schweinchen, Esel, Henne & Co.

MATERIAL

FÜR DIE CAKE DRUM

▶ Fondant in Hellgrün und Gelb

▶ Pappe, Karton oder dünnes Holz (ca. ø 30 cm)

▶ Rollholz

▶ Blumenausstecher in verschiedenen Größen

FÜR DIE TORTENVERZIERUNG

▶ Fondant in verschiedenen Farben

▶ Wasser

▶ Pinsel

▶ Glätter

▶ scharfes Messer

▶ verschiedene Ausstechformen

▶ Kugelwerkzeug

1 Bereiten Sie zunächst Ihren Biskuitkuchen vor (Rezept Seite 10). Dann arbeiten Sie Ihre „Cake Drum", den Untergrund für Ihre Torte. Wie Sie diese herstellen, erfahren Sie auf Seite 34 bei der Baustellentorte.

2 Die vorbereitete Torte wird mit Marmelade bestrichen und mit Fondant überzogen (siehe Seite 15). Um einen schönen Übergang zwischen Unterlage und Torte zu erzielen, kleben Sie einen Streifen Fondant um die Torte nachdem Sie sie auf die Unterlage gesetzt haben.

weiter auf S. 42 ➞

3 Für das Feld auf der Torte legen Sie einen braunen Kreis auf einen etwas größeren grünen Kreis und rollen beides nochmals vorsichtig mit wenig Druck aus. Mit einem Messerrücken prägen Sie nun die Ackerfurchen. Verzieren Sie die Felder mit kleinen Blumen, Früchten oder grünen Blättern, die Sie aus Fondant modellieren.

5 Der Tracktor ist etwas aufwendiger und erfordert ein wenig Fingerspitzengefühl. Zwei große Kreise und zwei kleine Kreise bilden die Räder. Diese werden mit gelben Fondant verziert. Wenn alle Bauteile vorbereitet sind (siehe Foto), lässt man diese mindestens über Nacht trocknen ehe man alles mit etwas Wasser zusammenklebt.

6 Die Felder und der Tracktor und eventuell noch ein Spaten, eine Mistgabel und eine Gießkanne werden mit etwas Wasser auf der Torte fixiert.

7 Der Rand der Torte wird mit Tiergesichtern verziert. Der Kopf des Esels wird aus einem Herz gemacht, indem man ein Dreieck aus dem oberen Teil des Herzes schneidet. Für die Ohren wählt man einen sehr kleinen herzförmigen Ausstecher. Indem man die oberen Enden des Herzes zusammenklappt, ergibt sich die Ohrenform. Aus einem Kreis sticht man ein Oval. Die Mähne wird mit einem Messer aus einem kleinen Kreis geschnitten. Mit etwas Wasser werden alle Einzelteile zusammengeklebt. Mit einer Lochtülle prägt man noch die Nasenlöcher und den Mund.

8 Für das Huhn sticht man als Grundform einen Kreis aus einer weißen Fondantplatte. Für den Schnabel halbiert man ein orangefarbenes Herz. Der Kamm wird aus einer roten Blume geschnitten. Zum Schluss werden noch die Augen aufgesetzt.

9 Die Schnauze des Schweins wird mit einem ovalen Ausstecher, oder durch zweimaliges Ausstechen mit einem runden Ausstecher, gearbeitet. Sie wird auf einen hellrosafarbenen Kreis geklebt. Für die Nasenlöcher drücken Sie mit der kleinen Kugel des Kugelwerkzeugs in die Schnauze. Die Ohren werden aus zwei kleinen Herzen geformt. Zum Schluss werden noch die Augen aufgebracht.

10 Lassen Sie die Tiergesichter mindestens einen Tag trocknen, bevor Sie sie mit Wasser auf den Rand der Torte aufkleben.

REGENBOGENTORTE
für Träumer und kleine Schatzsucher

MATERIAL
FÜR DIE CAKE DRUM

- ► Fondant in Schwarz
- ► Pappe, Karton oder dünnes Holz (ca. 35 cm x 20 cm)
- ► Rollholz
- ► Blumenausstecher in verschiedenen Größen

FÜR DIE TORTENVERZIERUNG

- ► Fondant in verschiedenen Farben
- ► Wasser
- ► Pinsel
- ► Glätter
- ► scharfes Messer
- ► verschiedene Ausstechformen
- ► Kugelwerkzeug

1 Bereiten Sie zunächst Ihre „Cake Drum", den Untergrund für Ihre Torte. Wie Sie diese herstellen, erfahren Sie auf Seite 34 bei der Baustellentorte.

2 Für den Regenbogen rollt man Würste aus Lila, Dunkelblau, Hellblau, Grün, Gelb, Orange und Rot. Diese werden um einen Ausstechring oder einen kleinen Topf (ø 18 cm) gelegt und mit etwas Wasser verklebt. Achten Sie darauf, dass Sie die Würste nicht zu dünn rollen und sie in etwa die gleiche Stärke haben. Zum Trocknen legen Sie den Regenbogen für mindestens einen Tag an einen kühlen, lichtgeschützten Ort.

3 Bereiten Sie Ihre Torte vor (Rezepte Seite 11, backen Sie einen Kastenkuchen). Anschließend wird die geschichtete Torte mit Marmelade bestrichen und mit Fondant überzogen (siehe Seite 15). Für die Regenbogentorte eignet sich ein blauer Überzug. Den Mamor-Effekt erhalten Sie, wenn Sie verschiedene Blautöne miteinander mischen. Verdrehen Sie dafür die verschiedenen Farben miteinander. Um einen schönen Übergang zwischen Unterlage und Torte zu erzielen, kleben Sie einen Streifen Fondant um die Torte nachdem Sie sie auf die Unterlage gesetzt haben.

4 Formen Sie aus weißem Fondant mehrere Kugeln. Diese bilden die Wolken und verstecken den Übergang zwischen Regenbogen und Torte. Fixieren Sie zuerst den Regenbogen mit Wasser an der Torte, nutzen Sie die weißen Kugeln auch als Stabilisatoren.

2

weiter auf S. 46 ➞ **45**

5 Wer fingerfertig ist, der darf sich gerne auch an dem kleinen Kobold und dem sagenumwobenen Goldkessel versuchen. Die Figur braucht allerdings etwas Übung. Der Goldkessel wird aus einer schwarzen Kugel, die man etwas platt drückt, gebaut. Eine dünne Wurst dient als Rand, links und rechts wird jeweils ein Henkel angebracht.

6 Um das Gold als großen Haufen darzustellen klebt man eine Kugel gelbes Fondant auf den Kessel. Danach werden kleine Kügelchen plattgedrückt und auf die Goldkugel geklebt.

7 Für den Kobold formt man als Grundkorups ein „T" aus weißem Fondant. Je akurater die Grundfigur ist, desto schöner wird die fertige Figur.

8 Rot-gelb gestreiftes Fondant bildet die Strümpfe. Diese werden mit etwas Wasser angeklebt und auf der Rückseite bündig abgeschnitten. Ein grüner Streifen wird zur Hose. Aus einem braunen dünnen Streifen wird der Gürtel. Alle Teile werden mit etwas Wasser und einem feinen Pinsel aneinandergeklebt.

9 Mit dem Messer schneidet man aus einem etwas dunkleren Grünton die Weste aus. Die Knöpfe werden mit der kleinen Kugel des Kugelwerkzeugs angedeutet. Aus demselben Grünton wie die Hose arbeitet man nun die Jacke.

10 Arm für Arm wird ein dünnes Stück Fondant aufgelegt und um den Körper modelliert. Die fast fertige Figur wird nun zum Trocknen in Form gelegt.

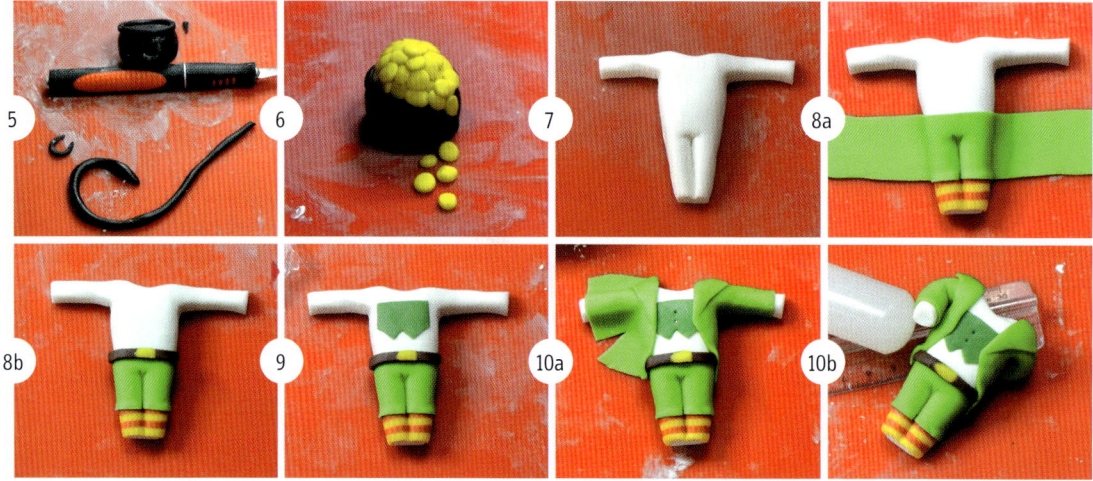

11 Der Hut wird aus einem Kreis, aus dem man ein Stück entfernt und einem Zylinder aus grünem Fondant gebaut. Beides wird mit etwas Wasser zusammengeklebt. Mit einem Streifen aus dunklerem Grün und einem goldfarbenem Knopf wird der Hut vollendet.

12 Den Kopf modelliert man aus hautfarbenem Fondant. Mit der kleinen Kugel des Kugelwerkzeugs markiert man sich die Punkte, an denen Augen, Nase und Ohren sitzen sollen.

13 Der Mund wird modelliert, Falten mit dem Messerrücken geprägt. Aus dunkelrotem Fondant gestaltet man den Bart. Um Haare anzudeuten, prägt man diese anschließend mit einem Messer.

14 Aus schwarzem Fondant schneidet man mit dem Messer die Sohlen der Schuhe. Dann werden Absätze angeklebt und anschließend werden aus braunem Fondant die Schuhe modelliert.

15 Alle Einzelteile werden mit etwas Wasser zusammengeklebt und stabilisiert. Die Figur benötigt ca. zwei Tage um zu trocknen. Danach kann Sie zusammen mit den Goldkessel unter dem Regenbogen auf die Torte angebracht werden.

SCHMETTERLINGSTORTE
Quilling trifft Fondant

MATERIAL

FÜR DIE CAKE DRUM

► Fondant in Weiß
► Pappe, Karton oder dünnes Holz (ca. ø 30 cm)
► Rollholz

FÜR DIE TORTENVERZIERUNG

► Fondant in verschiedenen Farben
► Wasser
► Pinsel
► Glätter
► Lineal
► scharfes Messer

1 Bereiten Sie zunächst Ihren Biskuitkuchen vor (Rezept Seite 10). Dann arbeiten Sie Ihre „Cake Drum", den Untergrund für Ihre Torte. Wie Sie diese herstellen, erfahren Sie auf Seite 34 bei der Baustellentorte.

2 Bestreichen Sie Sie die einzelnen Torten mit Marmelade und überziehen Sie sie mit weißem Fondant (siehe Seite 15). Dann setzen Sie die Torten übereinander. Damit die Übergänge schön aussehen, kleben Sie dort jeweils einen Streifen roten Fondant an.

3 Nun bringen Sie Ihre Verzierungen auf. Bei dieser Torte wurde die Kreativtechnik Quilling angewendet. Eigentlich werden in dieser Technik Papierstreifen gerollt und in Form gebracht. Die Enden werden dabei mit Kleber fixiert. Durch die Elastizität des Fondants ist eine direkte Übertragung des Papierquillings nicht möglich, aber eine etwas einfachere, dennoch ansehnliche Methode erlaubt es Tortendekoration in Quilling-Optik zu erzeugen. Dafür rollen Sie Fondant zu einer mindestens 3 mm dicken Platte aus.

TIPP

Diese doppelstöckige Torte besteht aus zwei einzelnen Torten. Backen Sie einmal einen Biskuitkuchen mit ø 26 cm und einen kleineren Biskuitkuchen mit ø 20 cm. Schichten Sie beide Torten und überziehen Sie sie mit Fondant, wie auf Seite 14/15 beschrieben. Dann erst werden die Torten übereinandergesetzt.

weiter auf S. 43 →

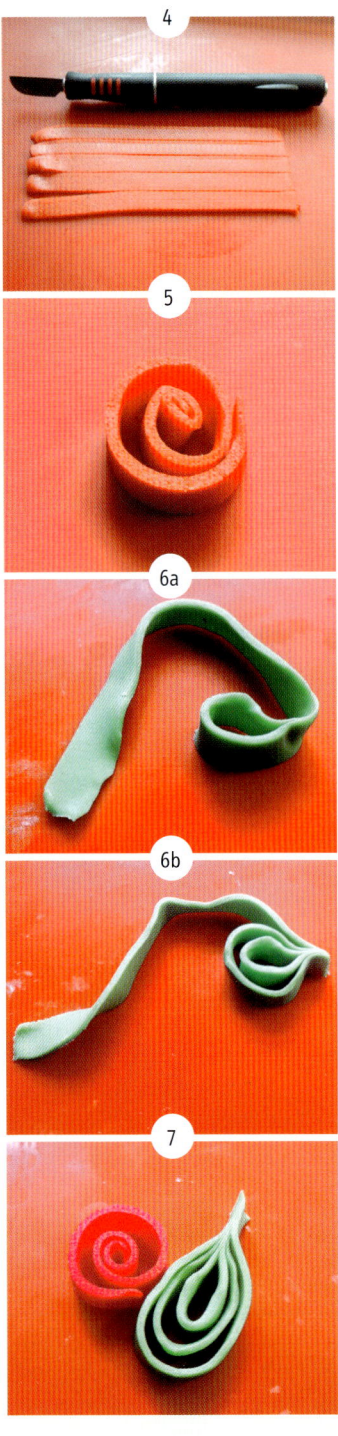

4 Aus dieser Fondantplatte schneiden Sie einem Messer und einem Lineal gleichmäßige Streifen, ca. 1 cm breit. Achten Sie darauf, dass Sie so akurat wie möglich arbeiten, da kleine Unebenheiten im Endergebnis direkt sichtbar sind.

5 Ein Streifen wird lose aufgerollt und ergibt die erste Grundform: der Kreis. Aus den Kreisen werden dann Blütenblätter.

6 Für die ovale Form, z. B. für die Pflanzenblätter oder die Schmetterlingsflügel werden die Streifen nicht rund zusammengerollt, sondern Sie arbeiten eine Lasche, die spitz zuläuft. Schneiden Sie den Überschuss ab und legen Sie mit den restlichen Streifen den zweiten Bogen um den ersten Bogen herum und so immer weiter. Lassen Sie dabei etwas Luft zwischen den Bögen.

7 Kombiniert man nun den Kreis und das Oval erhält man bereits eine einfache Blume.

8 Für den Schmetterlingskörper legt man einen Streifen braunes Fondant (mind. 3 mm dick) zur Hälfte übereinander und rollt die Enden mit je einer Umdrehung ein. Danach wird von der rechten zur linken Seite locker ohne Druck gerollt. Der Kopf mit Fühlern ist fertig und wird an einen trockenen Platz aufbewahrt.

9 Der Körper des Schmetterlings wird aus einem Oval geformt (wie unter Punkt 6 beschrieben). Ebenso werden die Flügel des Schmetterlings gearbeitet, sie bestehen aus einem größeren und einem kleineren Oval.

10 Achten Sie darauf, dass die Proportionen Ihres Schmetterlings stimmen. Probieren Sie auch Farbkombinationen aus. Ihrer Fantasie sind keine Grenzen gesetzt.

11 Lassen Sie die Fondant-Elemente mindestens einen Tag trocknen. Bringen Sie die Verzierungen mit Wasser auf Ihrer Torte an. Bestreichen Sie dafür die Kanten mit Wasser und setzten sie diese dann auf den Überzug. Hier ist Fingerspitzengefühl und etwas Geduld gefragt.

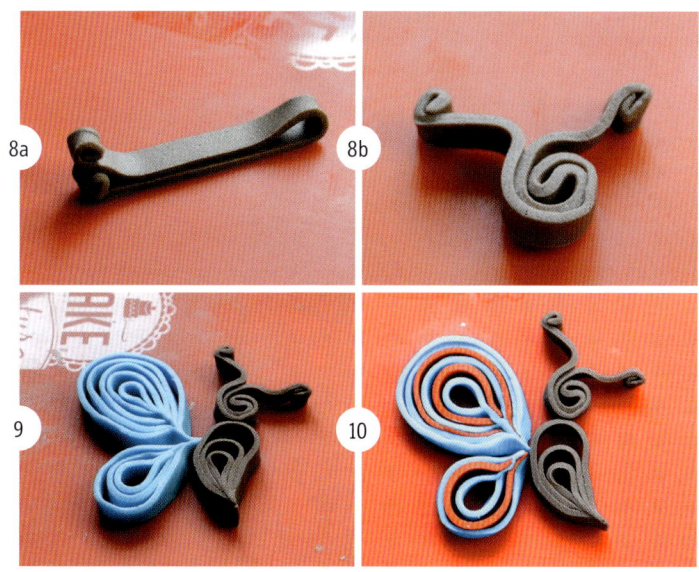

ZAHLENGEBURTSTAGSTORTE MÄDCHEN

Sage mir, wie alt du bist!

MATERIAL
FÜR DIE TORTENVERZIERUNG

- ▶ Fondant in verschiedenen Farben
- ▶ Zuckerperlen in Rosa
- ▶ Wasser
- ▶ Pinsel
- ▶ Rollholz
- ▶ Glätter
- ▶ scharfes Messer

1 Perfekt für jeden Kindergeburtstag! Aus Biskuitteig lässt sich ganz einfach eine Zahl ausschneiden. Hier finden Sie die 2, unten auf der Seite alle weiteren Zahlen und auf der nächsten Seite finden Sie noch das „Schnittmuster" für die 5. Für die 2 backen Sie zuerst Ihren Grundteig in einer Springform (Rezept Seite 10). Dann wird aus einem Halbkreis und zwei Rechtecken die Zahl 2 gelegt. Je sauberer die Grundkonstruktion aus Biskuit ist, desto schöner wird die Zahl nach dem Überziehen.

2 Die Biskuiteinzelteile werden horizontal halbiert oder gedrittelt, mit Marmelade bestrichen und wieder aufeinander gelegt. Bis die Torte ihre gewünschte Höhe erreicht hat. Dann alles mit Marmelade einpinseln und im Kühlschrank ca. 15 Minuten ruhen lassen. Dann können Sie die Torte mit ausgerolltem Fondant überziehen (siehe Seite 15). Die Zahlen sind schwieriger zu überziehen als runde Torten, daher sollten sie den Fondant in diesem Fall etwas dicker (ca. 5 mm) ausrollen als sonst.

3 Für die Glitzerverzierung am Rand der Zahl bepinseln Sie die Seiten mit etwas Wasser. Achten Sie darauf, dass Sie sauber arbeiten, nichts ausgelassen und mit dem Pinsel scharfe Kanten gezogen werden. Dann streuen Sie die Zuckerperlen Stück für Stück über die nassen Flächen.

„Schnittmuster" für die Zahlen 0 bis 9

ZAHLENGEBURTSTAGSTORTE JUNGE
Was bist du groß geworden!

MATERIAL
FÜR DIE TORTENVERZIERUNG

► Fondant in verschiedenen Farben
► Wasser
► Pinsel
► Rollholz
► Glätter
► scharfes Messer

1 Aus einem ¾-Kreis und zwei Rechtecken wird die Zahl 5 gelegt. Je sauberer die Grundkonstruktion aus Biskuit (Rezept Seite 10, Springform) ist, desto schöner wird die Zahl nach dem Überziehen mit Fondant. Die Biskuiteinzelteile werden horizontal halbiert oder gedrittelt, mit Marmelade bestrichen und wieder aufeinander gelegt. Die ganze Torte mit Marmelade einpinseln und im Kühlschrank ca. 15 Minuten ruhen lassen.

2 Nun den Fondant dünn ausrollen und die Torte damit überziehen (siehe Seite 15).

3 Für die Holzbank wird der Fondant noch mal bearbeitet. Wenn man mit Fondant Holz nachbilden möchte, ist es am einfachsten, wenn man etwas Klarsichtfolie auf eine Holzlatte oder ähnliches legt und darauf mit wenig Druck braunen Fondant ausrollt. So überträgt sich die Struktur auf das Fondant.

4 Aus den „Holzlatten" baut man nun, wie in echt, nur viel kleiner (hier 4 cm breit) eine Holzbank und einen Sandkasten, den man danach mit sandfarbenen Fondant füllt.

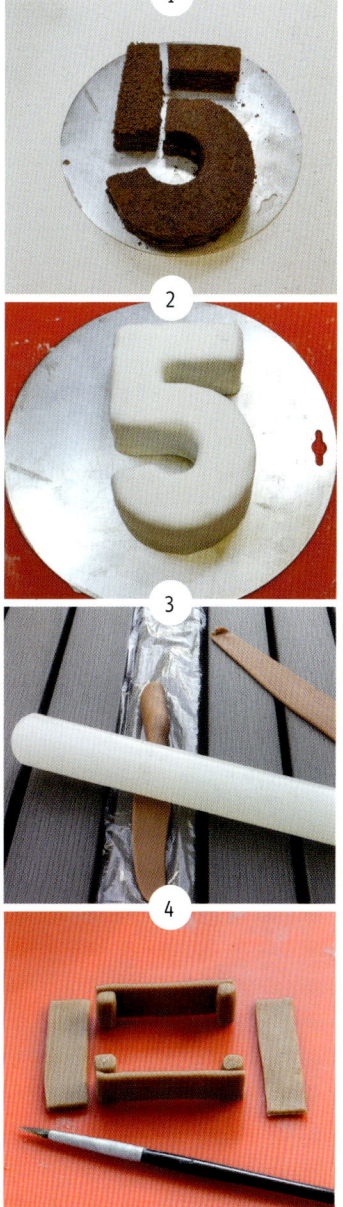

weiter auf S. 56 ⟶ **55**

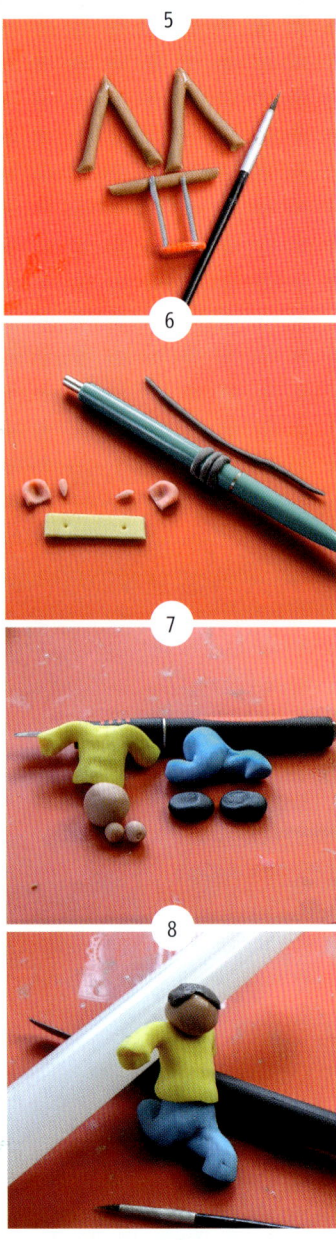

5 Aus vier Würsten, die man oben schräg anschneidet, wird das Grundgestell der Schaukel gebaut. Immer mit Wasser an den Schnittstellen zusammenkleben. Achten Sie darauf, dass Sie nicht zu viel Wasser verwenden, ansonsten wird es sehr klebrig.

6 Für die Wippe brauchen Sie ein Rechteck, zwei Kugeln, die man mit dem Kugelwerkzeug plattdrückt, um Sitzschalen zu erzeugen, und ein dünnes Würstchen. Das Würstchen rollt man über einen Stift oder ähnliches, so erhält man eine Feder, die unter die Wippe angebracht wird.

7 Für den kleinen Fußballer modelliert man aus etwa einem walnussgroßen Stück Fondant den Oberkörper und aus einem genauso großen Stück die Hose. Kopf, zwei Hände, ein paar Schuhe und Haare aus dünn ausgerolltem Fondant werden mit etwas Wasser angeklebt. Bringen Sie noch ein Gesicht auf, sowie vielleicht einen Hut und eine Nummer auf das Trikot. Für den Fußball eine weiße Kugel rollen und mit schwarzem Fondant Flecken aufbringen.

8 Bringen Sie die Figur in Form und lassen Sie sie mindestens über Nacht trocknen. Damit die Figur sich nicht verformt, stützen Sie sie während des Trocknens mit ein paar Gegenständen ab.

9 Setzen Sie alle Teile auf Ihren überzogenen Kuchen. Besonders die kleinen Details, wie ein umgekippter Sandkasteneimer, machen diese Art von Fondanttorten zu einem bezaubernden kleinen Kunstwerk.

UNTERWASSERTORTE

Herr Tintenfisch lädt ein

Anleitung auf S. 58/59 ➝

MATERIAL

FÜR DIE CAKE DRUM

▶ Fondant in Blautönen

▶ Pappe, Karton oder dünnes Holz (ca. ø 30 cm)

▶ Rollholz

FÜR DIE TORTENVERZIERUNG

▶ Fondant in verschiedenen Farben

▶ Wasser

▶ Pinsel

▶ Glätter

▶ scharfes Messer

1 Arbeiten Sie zunächst Ihre „Cake Drum", den Untergrund für Ihre Torte. Wie Sie diese herstellen, erfahren Sie auf Seite 34 bei der Baustellentorte. Für die Unterwassertorte wird die „Cake Drum" faltig mit blauem, oder blau-weiß marmoriertem Fondant überzogen. Die Falten stellen später die Meereswellen dar. Für einen ordentlichen Rand legt man eine gleichmäßig gerollte Wurst oder einen Streifen Geschenkband um die Platte.

2 Bereiten Sie Ihre Torten vor (Rezept Seite 10). Für diese Torte brauchen Sie zwei dreischichtige Torten, einmal ø 20 cm ausgeschnitten (aus einem Kuchen mit ø 26 cm) und einmal ø 10 cm (ausgeschnitten aus einem Kuchen mit ø 12 cm). Aus dem Überschuss können Sie die Biskuitringe herstellen.. Achten Sie darauf, dass die Ränder und Deckel ordentlich geschnitten und glatt sind.

3 Bestreichen Sie beide Torten mit Marmelade. Am besten eignet sich leicht erwärmte Aprikosenkonfitüre. Danach den Kuchen ca. 15 Minuten im Kühlschrank ruhen lassen.

4 Blaues, oder blau-weiß marmoriertes Fondant dünn ausrollen und die Torte damit sorgfältig und faltenfrei einkleiden (siehe Seite 15).

5 Aus grünem Fondant werden die Tentakel gerollt und mit etwas Wasser an die Torte geklebt. Genauso befestigen Sie auch den Kopf, den Sie aus einer Kugel formen. Aus gelbem Fondant arbeiten Sie einen Hut, dafür kleben Sie eine Halbkugel auf einen ausgestochenen Kreis. Ein paar Haare aus schwarzem Fondant, die großen Augen und die lustige Fliege lassen den Tintenfisch besonders niedlich erscheinen. Mit dem Kugelwerkzeug drücken Sie noch den Mund ein.

6 Sterne werden mithilfe eines Ausstechers gefertigt und mit etwas Wasser an die Torte geklebt. Mit einem Pinsel, den man in Speisestärke taucht, kann man den Wellen noch ein paar „Schaumkronen" aufsetzen.

PRINZESSINNENTORTE
ein Traum in Rosa

● ● ●

MATERIAL

FÜR DIE CAKE DRUM

► Fondant in Weiß
► Pappe, Karton oder dünnes Holz (ca. ø 30 cm)
► Rollholz

FÜR DIE TORTENVERZIERUNG

► Fondant in verschiedenen Farben
► Prägestempel
► Wasser
► Pinsel
► Glätter
► scharfes Messer
► Plastikpuppe

1 Bereiten Sie zunächst Ihre Biskuitkuchen vor (Rezept Seite 10). Für die Prinzessinnentorte brauchen Sie ein Biskuit mit 26 cm und einen mit 12 cm Durchmesser. Dann arbeiten Sie Ihre „Cake Drum", den Untergrund für Ihre Torte. Wie Sie diese herstellen, erfahren Sie auf Seite 34 bei der Baustellentorte.

2 Bringen Sie Ihren Biskuit in Form. Schneiden Sie zuerst den größeren Kuchen auf einen Durchmesser von 20 cm, den kleineren auf einen Durchmesser von 10 cm zu. Schichten Sie die Kuchen übereinander und schneiden Sie dann den „Rock" zu. Zwischen die einzelnen Schichten bringen Sie Marmelade auf. Je genauer und sauberer Sie die Grundform modellieren, desto einfacher klappt das Überziehen mit Fondant und desto schöner ist das Endergebnis.

2

3 Wenn man die Puppe auch nach dem Essen noch zum Spielen verwenden soll, sticht man jetzt mit einem langen Messer von oben nach unten durch die Torte, um später die Puppe, deren Beine man aus hygienischen Gründen gut in Frischhaltefolie verpacken sollte, hineinstecken zu können.

4 Besser ist es allerdings, wenn Sie die Puppe nur als Dekoration nutzen. Dann sollten Sie die Beine der Puppe abschneiden und den Puppenkörper mit einem Holzspieß in der Torte fixieren.

5 Jetzt wird die Torte komplett mit Marmelade oder Buttercreme eingestrichen. An heißen Tagen ist es sinnvoller mit Marmelade zu arbeiten, da die Butter schnell zu fließen beginnt.

6 Nun bekommt die Puppe noch ihr Kleid verpasst. Stecken Sie die Puppe in die Torte. Damit die Haare der Puppe nicht beim Arbeiten stören, können Sie sie mit Alufolie umwickeln. Schneiden Sie einen etwa ø 35 cm großen Kreis aus weißem Fondant aus. Schneiden Sie daraus ein Viertel aus und verzieren Sie die runde, untere Kante mit einem Prägestempel. Dieses Stück bildet den Unterrock. Bringen Sie das Stück auf der Vorderseite auf die Torte auf.

7 Für den rosafarbenen Teil des Unterrockes schneiden Sie einen Halbkreis aus rosa Fondant zu. Er wird am unteren Rand faltig auf die Torte gelegt.

8 Für den Überwurf rollen Sie aus rosafarbenen Fondant ein passendes Stück zurück. Schneiden Sie es mit dem Skalpell oder einem Messer etwas zu. Nutzen Sie einen Prägestempel für die Verzierungen. Anschließend legen Sie den Überwurf über den Unterrock um die Hüften der Puppe.

9 Aus einem Streifen Fondant, den man nach unten hin leicht rund laufen lässt, modelliert man nun das Oberteil. Bringen sie das Stück auf dem Oberkörper der Puppe an. Alle Teile werden mit etwas Wasser und einem Pinsel zusammengeklebt.

10 Aus gelbem Fondant kann man mit einem Prägestempel noch den Schmuck stempeln. Auch diese Teile werden mit etwas Wasser miteinander verklebt.

DER AUTOR

VITTORIO „VITO" CAPEZZUTO

Sohn eines italienischen Gastarbeiters, geboren und aufgewachsen in der nördlichen Oberpfalz in Bayern. Nach Abschluss der Gastronomiefachschule Wiesau in Bayern absolvierte ich im „Hyatt Regency Hotel" in Köln die Ausbildung zum Koch. Danach ging es in die Sternegastronomie. Euro-asiatische Küche im Restaurant „Graugans" in Köln, klassische deutsch-französische Küche im „Wald- und Schlosshotel Friedrichsruhe", modern-mediterrane Küche im Restaurant „YoSH" in Stuttgart. Seit November 2013 betreibe ich zusammen mit meinem guten Freund und Kollegen Christian Bez in Kirchheim unter Teck das Restaurant „Die Schmiede – Schank- und Speisewirtschaft".

DANKE

Danke Melanie für die moralische Unterstützung und Motivation. Danke Christian für deine Akzeptanz von Chaos und Unordnung während und nach der Fotoshootings. Danke Familie für euer Verständnis da ich noch weniger Zeit für euch hatte. Liebe Oma, dieses Buch widme ich dir!

IMPRESSUM

REZEPTE, MODELLE UND ARBEITSSCHRITTBILDER: Vito Capezzuto
FOTOS: frechverlag GmbH, 70449 Stuttgart; lichtpunkt, Michael Ruder, Stuttgart
PRODUKTMANAGEMENT: Mariel Marohn
UMSCHLAG-DESIGN UND INNENLAYOUT: independent Medien-Design Horst Moser, München
SATZ: Eva Grimme
DRUCK: Finidr s.r.o., Tschechische Republik

1. Auflage 2015

© 2015 frechverlag GmbH, 70499 Stuttgart

ISBN 978-3-7724-8006-5 • Best.-Nr. 8006

WIR SIND FÜR SIE DA!
Bei Fragen zu unserem umfangreichen Programm oder Anregungen freuen wir uns über Ihren Anruf oder Ihre Post. Loben Sie uns, aber scheuen Sie sich auch nicht, Ihre Kritik mitzuteilen – sie hilft uns, ständig besser zu werden.

Das Produktmanagement erreichen Sie unter:
        pm@frechverlag.de

oder: frechverlag
        Produktmanagement
        Turbinenstraße 7
        70499 Stuttgart
        Telefon 07 11 / 8 30 86 68

LERNEN SIE UNS BESSER KENNEN!
Fragen Sie Ihren Hobbyfach- oder Buchhändler nach unserem kostenlosen Magazin Meine kreative Welt. Darin entdecken Sie dreimal im Jahr die neuesten Kreativtrends und interessantesten Buchneuheiten.

Oder besuchen Sie uns im Internet! Unter www.topp-kreativ.de können Sie sich über unser umfangreiches Buchprogramm informieren, unsere Autoren kennenlernen sowie aktuelle Highlights und neue Kreativtechniken entdecken, kurz – die ganze Welt der Kreativität.

Kreativ immer up to date sind Sie mit unserem monatlichen Newsletter mit den aktuellsten News aus dem frechverlag, Gratis-Anleitungen und attraktiven Gewinnspielen.